Juan Ruiz de Alarcón

Los empeños de un engaño

Créditos

Título original: Los empeños de un engaño.

© 2024, Red ediciones S.L.

e-mail: info@linkgua.com

Diseño de cubierta: Michel Mallard.

ISBN tapa dura: 978-84-1126-098-5.
ISBN rústica: 978-84-9816-306-3.
ISBN ebook: 978-84-9897-932-9.

Cualquier forma de reproducción, distribución, comunicación pública o transformación de esta obra solo puede ser realizada con la autorización de sus titulares, salvo excepción prevista por la ley. Diríjase a CEDRO (Centro Español de Derechos Reprográficos, www.cedro.org) si necesita fotocopiar o escanear algún fragmento de esta obra.

Sumario

Créditos _____ 4

Brevísima presentación _____ 7
    La vida _____ 7

Personajes _____ 8

Jornada primera _____ 9

Jornada segunda _____ 47

Jornada tercera _____ 61

Libros a la carta _____ 99

Brevísima presentación

La vida

Juan Ruiz de Alarcón y Mendoza (1581-1639). México.
Nació en México y vivió gran parte de su vida en España. Era hijo de Pedro Ruiz de Alarcón y Leonor de Mendoza, ambos con antepasados de la nobleza. Estudió abogacía en la Real y Pontificia Universidad de la Ciudad de México y a comienzos del siglo XVII viajó a España donde obtuvo el título de bachiller de cánones en la Universidad de Salamanca. Ejerció como abogado en Sevilla (1606) y regresó a México a terminar sus estudios de leyes en 1608.
En 1614 volvió otra vez a España y trabajó como relator del Consejo de Indias. Era deforme (jorobado de pecho y espalda) por lo que fue objeto de numerosas burlas de escritores contemporáneos como Francisco de Quevedo, que lo llamaba «corcovilla», Félix Lope de Vega y Pedro Calderón de la Barca.

Personajes

Campana, gracioso
Constanza, criada
Don Diego, galán
Don Juan, galán
Don Sancho, galán
Doña Leonor, dama
Doña Teodora, dama
Dos cortesanos, primos de un gentilhombre, don Sancho
El Marqués Fadrique, galán
Inés, criada
Un Criado

Jornada primera

(Salen doña Leonor e Inés.)

Leonor
¿Quién será este forastero,
que tan falso y recatado
hace con tanto cuidado
de nuestra calle terrero?

Inés
De esta casa el primer suelo
es primer cielo, señora,
de la Luna de Teodora;
y el segundo es cuarto cielo
de tu Sol, cuyo arrebol
da al alba perlas que llore;
y no es posible que adore
la Luna, si ha visto el Sol.

Leonor
¡Quién supiera la verdad
de sus intentos!

Inés
Leonor,
¿es curiosidad o amor?

Leonor
Agora es curiosidad,
y está en saber su intención
ser amor.

Inés
Dame a entender
cómo puede proceder
de saberla, tu afición.

Leonor
Si tocas de un instrumento
sola una cuerda, verás

    que están mudas las demás,
si es disonante su acento;
      más si alguna está en distancia
y en consonancia debida,
suena sin tocarla, herida
solo de la consonancia
      de aquella que se tocó;
que mostrar el cielo quiso
la virtud, en este aviso,
de la amistad. Así yo
      tengo en tal punto templada
mi pasión, que si supiere
que este galán no me quiere,
será muda o será nada;
      mas si adora mi favor,
tocado solo del viento
de su consonante acento,
sonará también mi amor.

Inés
      Pues si logras este empleo,
de don Juan, ¿qué hemos de hacer?

Leonor
Poco sentiré perder
lo que ganar no deseo.
      Por concierto se ha tratado
conmigo su casamiento;
provecho, y no gusto, siento
en admitir su cuidado.
      Y si el forastero es cierto
que me quiere y me merece,
noble, como lo parece,
donde hay amor no hay concierto.

Inés
      Pues de ese cuidado quiero

	sacarte.
Leonor	¿Cómo?
Inés	Un criado
que siempre, señora, al lado
he visto del forastero,
me hace señas, y en la calle
le vi agora; y pues estás
sola conmigo, si das
licencia, quiero llamalle.
Leonor	Bien dices. Llámale, pues;
y porque venir podría
mi hermano, ponte en espía
en ese balcón, Inés.
Inés	Ya conoces mi cuidado.
(Vase Inés.)	
Leonor	No con severo rigor
le niegues la dicha, amor,
a quien la ocasión has dado.
No siempre el dorado arpón
a costa de penas dé
los gustos.
(Sale Inés.)	
Inés	Ya le llamé,
y sube.
Leonor	Ponte al balcón.

                    Amor tengo, y mucho amor,
                    pues tan turbada le espero.

(Vase Inés y sale Campana.)

Campana (Aparte.)   (La dicha del forastero
                    me negoció este favor.
                     La mozuela se ha rendido
                    a las señas que le he hecho...
                    Pero, ¿qué miro? Sospecho
                    que en el puerto me he perdido.)

(Quiere irse Campana.)

Leonor   Volved, mancebo.

Campana   Venía...

Leonor   No os turbéis; yo os he mandado
                    llamar.

Campana (Aparte.)   (Presto me ha faltado
                    la dicha que ya creía.)
                      ¿No queréis que me turbara
                    luego que a veros llegué,
                    puesto que me deslumbré
                    de ver el Sol cara a cara?

Leonor   ¿Cómo os llamáis?

Campana   Tengo el nombre
                    más hinchado y campanudo
                    que siendo de mujer, pudo
                    ponerse jamás con hombre,

| | y el que da cada mañana
a todo preste dormido
más enfadoso ruido. |
|---|---|
| Leonor | Decid ya cuál, es. |
| Campana | Campana. |
| Leonor | ¿Quién es ese caballero
a quien servís? |
| Campana | Claro está,
pues le sirvo, que será
mi amo. |
| Leonor | Su nombre quiero
saber. |
| Campana | Don Diego de Luna. |
| Leonor | ¡Buena alcuña! |
| Campana | ¡Y cómo buena!
Por ser de rayos tan llena,
tiene opuesta la Fortuna. |
| Leonor | Pues no le conozco yo,
forastero le imagino. |
| Campana | No es sino hijo de vecino
del lugar donde nació. |
| Leonor | Ya me obligáis a pensar
que oculta prendas mayores. |

Campana	¿Por qué?
Leonor	Porque es de señores traer consigo un juglar.
Campana	Cuando imagino que os doy gusto en esto, ¿os enfadáis?

Leonor	Sí; que de burlas estáis
	cuando de veras estoy;
	  y con ellas, porque quiero
	abreviarlas, os diré
	la ocasión por qué os llamé.
	Decid a ese caballero
	  que quien este cuarto habita
	es doña Leonor Girón,
	cuya sangre y opinión
	al Sol mismo rayos quita;
	  que yo he de tomar estado
	con hacienda y calidad,
	con hermosura y edad
	que a mil nobles da cuidado;
	  y que su mucho asistir
	en esta calle, y mirar
	a esta casa, puede dar
	contra mi honor qué decir;
	  que su afición importuna
	declare a quién solicita,
	que a muchas desacredita,
	sin obligar a ninguna;
	  y si, por ventura, es cierto,
	como presumo, que adora
	la belleza de Teodora,

      lo dé a entender; que le advierto
        que si constante porfía
        ocultando la ocasión,
        de las demás la opinión
        aseguraré en la mía,
          con dar a mi hermano cuenta
        de mi ofensa y de su injuria,
        porque con violenta furia
        ponga remedio en mi afrenta.

(Quiere irse doña Leonor.)

Campana   ¡Oíd, por Dios!

Leonor   ¿Qué queréis?

Campana   Pues de vuestro enojo ciego
        al arcabuz distes fuego,
        que la respuesta escuchéis;
          que ya que os habéis llegado
        tan de veras a enojar,
        de plano he de confesar
        al potro de vuestro enfado.

Leonor (Aparte.)   (Bien le he obligado a decir
        la verdad sin declararme.)

Campana (Aparte.)   (El caso viene a obligarme,
        por deslumbrarla, a mentir;
          que así quiero la intención
        de don Diego asegurar,
        pues tanto importa ocultar
        que es Teodora su afición.)
          Don Diego, señora, os vio;

que en esto se cifra todo,
pues decir que os vio es el modo
de asegurar que os amó;
 y si algún indicio ha dado
de amar a doña Teodora,
es disimulo, señora,
no verdad de su cuidado;
 porque es tan alto sujeto,
el vuestro, que desconfía,
y si amarlo es osadía,
no publicarlo es respeto.

Leonor (Aparte.) (Cierta es mi dicha.)

Campana   Y me admira
que, si en el terso cristal
vuestro hermoso original
tal vez su retrato mira,
 ofensa hagáis semejante
a don Diego en presumir
que no sabrá distinguir
del amatista el diamante.
 A pesar del sufrimiento,
no os ha dicho su pasión;
que si ha tenido ocasión,
le ha faltado atrevimiento;
 mas si cobarde ha callado,
ya no os temerá cruel;
que, pues las partes que en él
habéis visto os dan cuidado,
 las que ignoráis, con razón
esperan vuestros favores;
que dibujos exteriores
bosquejos del alma son;

        que en calidad y valor,
        en discreción y prudencia,
        poderle hacer competencia
        es la ventaja mayor;
          y tanto...

Leonor   ¡Tened! Decis
        que las partes que en él veo
        me dan cuidado, y deseo
        saber de que lo inferís.

Campana   De que llamarme habéis hecho,
        y de que me preguntáis
        quién es, y solicitáis
        saber quién le abrasa el pecho.
        Todo esto muestra cuidado;
        y pues que de él no sabéis
        mas partes de las que veis,
        ellas son las que os le han dado.

Leonor   De lo que os he dicho yo,
        que me da, habéis de inferir,
        su asistencia qué sentir;
        que cuidar sus partes, no.

Campana   Si no os pareciesen buenas,
        ni os diera, señora mía,
        qué recatar su porfía,
        ni qué imaginar sus penas;
         y asi, sus méritos son
        causa en vos de esos efetos;
        que los indignos sujetos
        no merecen atención.

Leonor
	Al fin, ¿por fuerza queréis
	que confiese amarle?

Campana
		Quiero
	que entendáis que yo lo infiero,
	no que vos lo confeséis;
	 que publicar sus cuidados
	a la primer diligencia
	las señoras, es licencia
	de poetas mal mirados,
	 que escriben, aunque les sobre
	la ventura, sin decoro;
	mas no de aquellos que el oro
	saben distinguir del cobre.
	 Y así, por no ocasionaros
	a incurrir en semejantes
	indecencias, me voy antes
	que lleguéis a declararos,
	 pues no poco por agora
	mi señor ha conseguido,
	supuesto que habéis sabido
	que sois vos la que él adora;
	y si luego en su ventura
	vuestro amor se declarara,
	la liviandad apagara
	lo que encendió la hermosura.

(Vase Campana.)

Leonor
	¡Que bien hizo en refrenarme!
	Que según estoy, no fuera,
	si un punto se detuviera,
	posible no declararme.

(Sale Inés.)

Inés ¿Qué tenemos?

Leonor Que he vencido.
El forastero es mi amante.

Inés ¿Luego tu amor consonante
su criado habrá entendido?

Leonor Aunque la lengua ocultó
cuanto pudo mis enojos,
en las voces de los ojos
la consonancia entendió.

Inés Los celos entran agora
de don Juan y del Marqués.

Leonor El secreto importa, Inés;
que aunque es mi amiga Teodora,
 es hermana de don Juan,
y solicita su gusto;
y darle a entender no es justo
que he admitido a otro galán.

Inés Es verdad, y fuera bien
advertirlo al forastero
y a su criado.

Leonor Yo infiero
que es excusado, pues quien
 tanto ha ocultado su amor
a quien lo ha de remediar,
a quien lo puede estorbar

    sabrá ocultarlo mejor.
     Mas nunca la prevención
    dañó. Toma el manto, Inés,
    y tú, pues ciega me ves,
    puedes con esa ocasión,
     como que sale de ti,
    por no ofender mi decoro,
    darle a entender que le adoro,
    y ofrecerle que de mí
     alcanzarás que le dé
    audiencia esta noche.

Inés   Piensa
    que tu gusto, sin ofensa
    de tu opinión, dispondré.

(*Vanse doña Leonor e Inés. Salen con Diego, de color, y el Marqués.*)

Marqués   Digo, pues, que en esta calle
    vive preso mi cuidado;
    nunca a pisarla he llegado
    que en ella también no os halle.
     Pesárame de encontrarme
    con vos; y pues yo, don Diego,
    que con la demanda llego
    soy quien debo declararme,
     sabed que quien me atormenta
    es doña Leonor Girón;
    su oriente es aquel balcón,
    del Sol venturosa afrenta.
     Allí vivo y allí muero,
    ella es el norte que sigo;
    desde Flandes sois mi amigo...

Diego   No digáis mas; que no os quiero
        permitir ese cuidado;
        que de él os debo sacar
        brevemente, por pagar
        el que a mí me habéis quitado.
        Otra hermosura, Marqués,
        adoro, cuyo preceto
        me obliga a guardar secreto.

Marqués No importa saber quién es,
        pues con eso voy de vos
        satisfecho y obligado.

Diego   Vivir podéis confiado
        de mi amistad.

Marqués Guárdeos Dios.

(Vase el Marqués.)

Diego   Siendo publico el efeto,
        ser secreta la ocasión,
        dar a entender la afición
        y desmentir el sujeto,
        ¿cómo puede ser, Teodora?
        Y, ¿cómo puede dejar
        de asistir y de obligar
        quién recela y quien adora?

(Sale Campana.)

Campana Bien puedes darme, señor,
        albricias.

Diego   ¿De qué, Campana?

Campana   De que tiene tu amor llana
la dificultad mayor;
   que doña Leonor Girón,
que ha notado tus paseos,
me llamó, y de tus deseos
me preguntó la ocasión;
   y yo, como la vi mía,
la logré, y le dije que ella
era la cándida estrella
que en el mar de amor te guía.

Diego   Mal has hecho.

Campana   ¡Bueno es eso!

Diego   Echado me has a perder.
Ya no es posible tener
en mi afición buen suceso.

Campana   Cuando imaginé que había
hecho más que si pusiera
una española bandera
en un muro de Turquía,
   ¿me das ese galardón?

Diego   Si; que a Teodora perdí.

Campana   Entremos en cuenta aquí
y estemos a la razón.
   Tú dices que te conviene
que nadie entienda que adora
tu ardiente pecho a Teodora,

      porque, supuesto que tiene
       su hermano tan gran poder,
      por su sangre y su dinero,
      y eres pobre y forastero,
      si lo llegase a saber
       primero que tu esperanza
      logres con Teodora bella,
      recelas en ti y en ella
      el remedio y la venganza;
       y por esto me has mandado
      hacer, trazar y fingir
      cuanto no fuere decir
      que es Teodora tu cuidado.
       ¿Es todo esto así, señor?

Diego   Todo es así.

Campana   Escucha agora.
      Si has de seguir a Teodora
      y disimular su amor,
       si a su casa noche y día
      has de asistir y mirar,
      y esto no se ha de ocultar,
      ¿qué mejor traza podía
       haber dado, que fingir
      que es Leonor la que te abrasa
      pues vive en su misma casa?
      Y junto con desmentir
       sospechas, si viene a darte
      entrada en ella, podrás
      ver a Teodora, y saldrás,
      si ambas están de tu parte,
       del riesgo en que estás agora,
      obligadas de tu amor,

       con el engaño Leonor,
       y con la verdad Teodora.

Diego   Y en llegando a colegir
       Leonor que a Teodora quiero,
       dime tú, ¿qué fin espero?
       Que mal se le ha de encubrir
        siendo su vecina.

Campana   Mira,
       pasar con facilidad
       la mentira por verdad,
       y la verdad por mentira;
        que ella ya lo ha presumido
       y yo le he dicho, señor,
       que por encubrir su amor,
       el de Teodora has fingido.

Diego   ¿Que lo cierto ha sospechado?

Campana   Y de suerte lo afirmó,
       que si engañándola yo
       no la hubiera deslumbrado,
        ésta sin duda es la hora
       que te diera por perdido,
       porque lo hubiera sabido
       don Sancho, que es de Teodora
        amante, su mano espera;
       y, con esto, en el honor
       le toca, y así Leonor,
       su hermana, se lo dijera.

Diego   Dices bien e hiciste bien.

Campana	¡Gloria a Dios! Asegurarte, / y, como dicen, sangrarte / en salud, será también / acertado, y prevenir / a Leonor, si hay ocasión / de hablarla, que la afición / fingida has de proseguir / con Teodora; que supuesto / que los dos le habéis de dar / por puntos qué sospechar, / la asegurarás con esto.
Diego	Sí; pero falta que aplique / remedio a un nuevo cuidado, / supuesto que he asegurado / hoy al Marqués don Fadrique / de que a Leonor no pretendo, / de quien él es ciego amante.
Campana	Esto es lo más importante / al fin que vas previniendo, / pues te dispone su amor / lo mismo que tu pudieras / desear; que cuando quieras / desengañar a Leonor, / lo fundaras con razón / en los celos del Marqués, / pues de un poderoso es / vitoria la pretensión.
Diego	No está la dificultad / en eso; la del Marqués / siento solo.

Campana   No lo es,
supuesto que la verdad
  llevas, señor de tu parte;
y debajo de secreto,
si te vieres en aprieto,
puedes con él declararte;
  que mientras los casos dan
remedio más importante,
vivir y trampa adelante,
es en la corte refrán.

Diego   Fuerza es, al fin, por agora
proseguirlo; que mi amor
si desengaña a Leonor,
se declara por Teodora;
  qué es lo que estoy recelando.

(Vase don Diego. Sale Inés, con manto, tapada y haciendo señas con la cabeza que la sigan.)

Inés   Ya me han visto.

Campana   Una tapada
salió de allá, y recatada
por señas nos va llamando.

Diego   Sigámosla, pues que Amor
me dice que es mensajera
de Teodora.

Campana   Mas, ¿qué fuera
si lo fuese de Leonor?

(Vanse todos. Salen don Juan, de camino, doña Teodora, don Sancho, y Constanza a la sala.)

Juan
    Hermana, don Sancho queda,
    mientras vuelvo, en mi lugar,
    ya que no puedo excusar
    la partida.

Sancho
          En cuanto pueda,
     procuraré que Teodora
    no os eche menos.

Juan
              Mirad
    que os toca su honor.

Sancho
               Fiad
    de lo que mi fe la adora,
     su regalo y mi asistencia;
    que en lo que toca a su honor,
    suplir sabrá su valor,
    mejor que yo vuestra ausencia.

(Don Juan habla aparte a doña Teodora.)

Juan
    Dame los brazos, y advierte
    solo que me va la vida
    en hallarte reducida,
    cuando vuelva, hermana, a verte,
     a ser de don Sancho esposa;
    pues trocando solamente,
    a mi firme amor consiente
    que goce a Leonor hermosa.

Teodora
    El cielo os traiga a mis ojos

con salud.

(Llora.)

Juan   Sancho, adiós.

(Vase don Juan.)

Sancho   Él quiera que de los dos
cesen, don Juan, los enojos
cuando del Betis volváis
a Manzanares. Teodora,
no lloréis si de la aurora
ser afrenta no intentáis,
 ni agravéis mi fe constante
con sentimiento tan vano,
si las penas de un hermano
puede aliviar un amante.

Teodora   Yo estimo, como es razón,
las mercedes que me hacéis.
(Aparte.)   (Mas las lagrimas que veis,
no nacen del corazón;
 que para hablar a don Diego
deseaba la partida
de don Juan.)

Sancho   (Contra una vida,
¿no basta de amor el fuego?
 Y la rabia de un desdén,
¿no basta, sagrados cielos,
sin que en sospechas y celos
se abrase el alma también?
 Un forastero galán

                        a estas rejas he encontrado
                        mil veces; y mi cuidado,
                        pues la ausencia de don Juan
                            al suyo dará osadía
                        mas libre, ha de ser agora
                        centinela de Teodora,
                        y del forastero espía.)

(Sale Constanza.)

Constanza   Tus primos te están, señor,
                       aguardando.

Sancho   A hacer vendrán
(Aparte.)   las cuentas. (Mas no me dan
                       los cuidados de mi amor,
                           que tan celoso se ve,
                       licencia para olvidalle;
                       y más cuenta con la calle
                       que con las cuentas tendré.)
                           Teodora, adiós; y más perlas
                       no vertáis; que ofenderéis
                       a mi amor si las vertéis
                       mientras no puedo cogerlas.

(Vase don Sancho.)

Teodora   ¡Qué pesado es un amante
                       aborrecido! Constanza,
                       siglos tardó la esperanza
                       de este venturoso instante;
                           que desde el ultimo día
                       que en Sevilla al ausentarme
                       le vi, no ha podido hablarme

                        don Diego.

Constanza   Saber querría,
                si te alegró el ver partir
                a tu hermano, ¿cómo tanto
                pudo en los ojos el llanto
                el corazón desmentir?
                    Que en una causa no más
                contrarios efetos son.

Teodora   Oye una comparación,
                Constanza, y lo entenderás.
                    El leño que aun no el verdor
                del fértil tronco ha perdido,
                por un extremo encendido,
                por el otro vierte humor.
                    Yo estaba llena de enojos
                y así mi pecho, al entrar
                el gusto, arrojó el pesar
                en lágrimas por los ojos.
                    A don Diego es menester
                dar aviso de la ausencia
                de don Juan.

Constanza   Tu diligencia
                puede la suya ofender.
                    Excusado es avisalle
                de lo que su amor le avisa;
                que de la aurora la risa
                llorando le halló en la calle.
                    Mas Leonor viene.

(Sale doña Leonor.)

Leonor   Teodora,
              ¿estás muy triste?

Teodora   Don Juan
              es mi hermano y mi galán;
              dos males el alma llora.

Leonor   Para aliviarlos me ordena
              don Sancho que de tu lado
              no me aparte.

Teodora   Ese cuidado
              es aumento de mi pena.
(Aparte.)   (¡Que nunca falten al bien
              azares!)

Leonor   Con este intento
              me manda que en tu aposento
              pase las noches también.

Teodora (Aparte.)   Yo lo estimo. (Sus desvelos
              entiendo; con esta traza
              quiere guardarme, y disfraza
              con mi lisonja, sus celos.)

Leonor (Aparte.)   (Parece que le ha pesado;
              y esto, y saber que desdeña
              tanto a don Sancho, me enseña
              que otro amor le da cuidado;
                y me importa que conmigo
              se declare, por poder
              declararme yo, y tener,
              para el nuevo amor que sigo,
                ocasión, pues he de estar

    en su cuarto; y si mi ciego
amor le oculto, don Diego
no me ha de poder hablar;
    y de la noche pasada,
que por el balcón me habló
y de ambas partes quedó
nuestra afición declarada,
    estoy gustosa de suerte,
y tan del todo rendida,
que los instantes de vida
sin él, son siglos de muerte.)
    Teodora, ya la ocasión
llegó en que es bien que deshagas
los agravios con que pagas
mi verdadera afición;
    que en tus suspiros, amiga,
en tus ansias y tristezas,
y en despreciar las finezas
con que mi hermano te obliga,
    en tu pecho he conocido
algún oculto cuidado;
y ya, aunque haberlo fiado
de mi fe no hayas querido,
    por fuerza lo he de saber
estando en tu compañía.
Haga pues la cortesía
lo que la fuerza ha de hacer;
    que la palabra te doy
de estar siempre de tu parte, o
si no basta a asegurarte
mi amistad, siendo quien soy.

Teodora   ¿Yo, Leonor, otro cuidado?

Leonor

    Mujer soy y mujer eres;
no lo niegues, si no quieres
una enemiga a tu lado;
   que si conmigo enmudeces,
con falso pecho me tratas;
y, si amiga te recatas,
enemiga me mereces.

Teodora (Aparte.)

    (¿Qué he de hacer? ¿Puede dañarme
Leonor más, si declarada
la obligo, que si agraviada
la dejo con recatarme?
   ¿No sabe ya que a su hermano
aborrezco? ¿No sospecha
la causa? Si ve la flecha,
¿por que le oculto la mano?
   Para verme con don Diego
he esperado esta ocasión;
y cuando ya el corazón
no es capaz de tanto fuego,
   ¿no tengo de gozar della?
Pues si la pierdo callando
de conocido, y hablando
me arriesgo solo a perdella,
   ¿qué tengo que recelar,
si entre hablar y enmudecer,
callando es cierto perder,
y hablando puedo ganar?
   Y pues, por más que lo impida,
ha de saberlo, mejor
me está que sepa mi amor
obligada que ofendida.)
   Ya, mi Leonor, ya no es justo
dejarte de declarar

    mi pecho, por descansar,
cuando no por darte gusto.
    Sabe que yo tengo amor
a un gallardo caballero...
Qué poco he dicho! ¡Que muero,
amiga, diré mejor
    por el joven más galán
que al amor gastó saetas,
sin que a mis ansias inquietas
el respeto de don Juan
    y de don Sancho el intento
hayan, Leonor, permitido,
que hablándole, haya podido
dar alivio a mi tormento!
    Ésta es de mi confusión
la causa, y de que tu hermano
conquiste mi pecho en vano;
ésta, Leonor, la ocasión,
    y el de ocultarla de ti;
y haberme tú asegurado,
siendo quien eres, la ha dado
para decírtela aquí.

Leonor	Teodora, ya me obligué, pues te ofrecí mi favor, y no tendrá en ti tu amor más alientos que en mi fe.
Teodora	Dios te guarde; que de ti mucho más, Leonor, confío; y ya que del pecho mío la mejor porción te di, solo que guardes secreto... Y si presumiere acaso

          del amor en que me abraso,
por indicios el sujeto
  don Sancho, amiga, te pido
que le deslumbres, pues ves
el peligro de los tres;
porque don Juan ofendido,
  ciego mi amante, y celoso
don Sancho, ¿qué desventura
no sucederá?

Leonor   Segura
corre a tu fin amoroso;
  que la vida me verás
perder antes que el secreto
descubra que te prometo.

Teodora   A mí, Leonor, me la das.
  Pero, dime, ¿ya salió
tu hermano de casa?

Leonor   Agora
en su escritorio, Teodora,
con mis primos se encerró
  a hacer unas cuentas.

Teodora   ¿Luego
tendré seguro lugar
de hablar al que adoro, y dar
dulce alivio a tanto fuego?

Leonor   Bien puedes; que todo el día,
sin duda, habrán de ocupalle.

Teodora   Pues llega, si está en la calle,

                        Constanza, a esa celosía,
                        y hazle señas.

Constanza   Cualquier seña
                        a su amor le bastará;
                        que es lince, y no perderá
                        de vista la más pequeña.

(Vase Constanza.)

Leonor (Aparte.)   (Ya he conseguido mi intento;
                        que empeñada así Teodora,
                        segura le puedo agora
                        confiar mi pensamiento.)

(Vuelve Constanza.)

Constanza   Ya viene.

Leonor   Quiero dejarte
                        gozar a solas tu amor.

Teodora   Tú no embarazas, Leonor;
                        fuera de que para darte
                          disculpa, si la deseas,
                        de mi loco desvarío,
                        quiero que del dueño mío
                        las bizarras partes veas.

Leonor   Y lo haré; pero no es justo
                        impedir como testigo;
                        que el testigo más amigo
                        quita licencias al gusto.
                            Oculta en este aposento

	le veré sin estorbar.
Teodora	Bien te puedes retirar, Leonor, que sus pasos siento.
Leonor (Aparte.)	(¿Cuándo con mi forastero gozaré dichas iguales?)

(Éntrase doña Leonor en el cuarto, y deja entornada la puerta.)

Teodora	¡Cuántas penas, cuántos males troqué a la gloria que espero!

(Salen don Diego y Campana a la antesala.)

Campana	¿Si te habrá visto Leonor entrar?
Diego	Con ella asenté, cuando esta noche la hablé, que le he de mostrar amor a Teodora.
Campana	Limitar importa las ocasiones; que muchas demostraciones la pueden desengañar.

(Don Diego y Campana pasan a la sala, y doña Leonor entreabre la puerta del aposento.)

Diego	¡Señora! ¿Quién a la suerte debió gloria tan crecida?

Teodora	Pues llegó hasta aquí la vida, despreciar puedo la muerte.
Leonor (Aparte.)	(¿Que es don Diego a quien adora?)
Teodora	¡Que te veo!
Leonor (Aparte.)	(Yo creía que don Diego lo fingía; que no le amaba Teodora.)
Teodora	¡Cuánto me cuestas!
Diego	¡Y cuanto he padecido por ti, mi bien!
Leonor (Aparte.)	(Licencia le di de fingir; pero no tanto.)
Diego	¿De qué te turbas? ¿Qué es esto?
Teodora	Pasos siento en la escalera, y ser don Sancho pudiera. Constanza...
Constanza	¿Señora?
Teodora	Presto, cierra a ese cuarto la puerta.
Constanza	Tarde tu temor me avisa; que el recibimiento pisa don Sancho ya.

Teodora	¡Yo soy muerta!
Campana	¿No dije yo?...
Teodora	¡A ese aposento presto os retirad los dos!
Diego	¿Yo?
Teodora	¡No repliques, por Dios, que me va el honor!
Diego	Tu intento cumpliré, porque de suerte miro, señora, tu honor, que ha de hacer en mí valor lo que no hiciera la muerte.

(Retíranse don Diego y Campana al aposento donde está Leonor.)

Teodora	¡Que de tormentos me dan con cada gusto los cielos!

(Sale don Sancho a la sala.)

Sancho	No fueron vanos mis celos. ¿Apenas partió don Juan, cuando ya a nuestras afrentas las puertas abres, Teodora?

(Están doña Leonor, don Diego y Campana en el aposento.)

Leonor	¡Falso don Diego!

Diego	¡Señora!
Campana (Aparte.)	(¡Éstas son otras quinientas!)
Diego	¿Aquí estabas?
Leonor	¡Sí, traidor!
Diego (Aparte.)	(¿Hay tal desdicha?)
Campana	No den tus labios, por fingir bien, ese nombre a mi señor.
Leonor	¿Esto es fingir?
Diego	Claro está.
Campana	O ha de ser del mismo paño de la verdad el engaño, o el remiendo se verá.
Diego	No mostrándole afición, ¿cómo pudiera engañarla?
Leonor	O no habéis de requebrarla o ha de acabar la invención.
Diego	Ley es tu gusto, Leonor.
Teodora	Mirad, don Sancho...
Diego	En tu mano

                    fundo mi bien.

Sancho   Vuestro hermano
                dejó a mi cargo el honor
                  de esta casa.

Constanza (Aparte.)   (¿Hay mas extraña
                confusión?)

Teodora (Aparte.)   (¡Yo soy perdida!)

Campana (Aparte.)   (Ya ha quedado persuadida.
               ¡Lo que el propio amor engaña!)

Sancho   ¿Y mis celos?

(Salen dos cortesanos, primos de don Sancho, a la antesala.)

Primo I   Demudado
                tomó la espada y salió.

Primo II   Desde que entré, le vi yo
               divertido y alterado,
                  puesto el cuidado en la calle.

Primo I   Eso me le ha dado a mí;
              que es deudo nuestro; y de aquí
              hemos de ver si importalle
                  podemos algo.

Sancho   Él entró;
              que yo le vi, y no ha salido:
              tú le tienes escondido;
              con que se verificó

(Mete mano.)	mi agravio y el de tu hermano.
Teodora	¿Qué hacéis? ¡Mirad...!
Sancho	¡Vive Dios, que he de vengar a los dos...!
Diego	¡Eso fuera si esta mano no gobernara este acero!

(Sale don Diego del aposento, hace frente a don Sancho y se acuchillan.)

Primo I	¡Esto es fuerza!

(Pasan de la antesala a la sala los primos, y pónense al lado de don Sancho y riñen. Salen del aposento doña Leonor y Campana.)

Leonor	¡Ay, desdichada!
Teodora	¡Muerta soy!
Campana	Espada a espada riñe quien es caballero.
Diego	Herido estoy. No es hazaña darme, don Sancho, la muerte con ventaja.
Teodora	¡Triste suerte!
Sancho	Yo os la diera en la campaña solo; que solo emprendió vuestro castigo mi acero.

Teodora ¡Don Sancho, tened!

Leonor (Aparte.) (¿Qué espero
Que si él muere, muero yo.)

Teodora Ved que con vuestra venganza
queda mi opinión perdida.

Leonor (Aparte.) (Arriesgar quiero la vida
por tan dichosa esperanza.)
¡Hermano, no le matéis!
¡Primos, valedme! ¡Mirad,
que es mi esposo!

Primo I ¡Refrenad,
(Atajándole.) don Sancho, el furor!

Sancho ¿Qué hacéis?
¡Dejadme!

(Cae don Diego en una silla.)

Diego Tarde ha venido
vuestra fineza, Leonor;
que yo muero.

Primo I ¿No es mejor
que deis a Leonor marido
que hacer afrenta a los dos?

Leonor Don Diego de Luna, hermano,
puede, honrarme con su mano;
que es tan bueno como vos.

Teodora (Aparte.)	(¡Guárdente, Leonor, los cielos! No me atrevo a interceder; que a don Sancho han de encender, más que su ofensa, mis celos.)
Sancho (Aparte.)	(Pues satisface la injuria de Leonor siendo su esposo, y de mi incendio celoso con esto cesa la furia, el remedio a la venganza prefiero.) Ved si a la vida ha dado puerta la herida.
Constanza	Aun da su aliento esperanza de vivir.
Sancho	Primos, partid a buscar un cirujano.
Primo I	Yo voy a buscar la mano más dichosa de Madrid.

(Vase el Primo I.)

Campana	Un confesor le llamad; que está expirando.
Primo II	Yo voy.

(Vase el Primo II.)

Teodora	¡Qué desdicha!
Leonor	¡Muerta soy!

Sancho	A mi cuarto le llevad que en él es bien que se cure, pues es de Leonor esposo; y de este caso es forzoso que el secreto se asegure.
Campana	De su vida desespero; que está muerto en lo pesado.
Teodora (Aparte.)	(Él muere por desdichado y yo por amante muero.)
Leonor	Campana, con paso lento, en movimiento suave le lleva, porque no acabe de matarle el movimiento.
Teodora	En todo muestras, Leonor, que es tu amistad verdadera.
Leonor (Aparte.)	(¡Ay de mí! Mejor dijera que es verdadero mi amor.)
Sancho	De honor y celos, Teodora, los excesos perdonad.
Teodora	En vano espera piedad quien ofende a la que adora.

Fin de la primera jornada

Jornada segunda

(Sale Inés huyendo de Campana.)

Campana ¡Inés!

Inés ¡A Constanza hablabas, traidor!

Campana Le estaba pidiendo...

Inés ¿Qué?

Campana Que me echase un remiendo.

Inés ¿Por qué no me lo encargabas?

Campana Porque eres tú mi cuidado,
no quise que lo supieras;
que por dicha no quisieras
un amante remendado.

Inés No es buen modo de excusarse,
supuesto que es tan sabido
que un bellacón tan rompido
ha menester remendarse.

(Vase Inés.)

Campana Ya le da pena mi amor.
No hay mejor madurativo
para el pecho más esquivo
que darle celos.

(Sale don Diego, sin espada y con muletilla.)

                    Señor,
          ya —¡gloria a Dios!— con salud
te ves.

Diego   ¡Al cielo pluguiera
que el piadoso lecho hubiera
sido fúnebre ataúd!
   ¡Ay, Campana, cuál me veo
en un proceloso mar
de inconvenientes!

Campana   Nadar
al puerto de tu deseo,
   mientras durare la vida,
con sufrimiento y valor,
es lo que importa, señor;
que en la empresa más perdida,
   le resta imperio a la suerte
y a la fortuna mudanza.
La vida todo lo alcanza,
todo lo acaba la muerte,
   y si te causa impaciencia
el vivir, cosa es morir
que se puede conseguir
con muy poca diligencia;
   pero vive, aunque no aguardes
vencer tu enemiga suerte,
que valerse de la muerte
es remedio de cobardes.
   Anímate, y ve diciendo
uno y otro inconveniente,
y verás qué fácilmente

voy a todos respondiendo.

Diego   Huésped de don Sancho soy,
y que a su hermana la mano
he de dar tengo por llano,
y ya con salud estoy;
    con que si hasta aquí el efeto
por enfermo he suspendido,
ya es fuerza ser su marido
o descubrir el secreto.
    Casarme con ella es
imposible; que a Teodora
pierdo, a quien mi pecho adora,
y la fe rompo al Marqués.
    Declararme y no casarme
es darle, con una ofensa
y un desaire, recompensa
a Leonor, que por librarme,
    arriesgando condolida
vida y honor, me dio allí
nombre de esposo, y debí
a su fineza la vida,
    y después a su cuidado;
y de que soy su marido,
porque en su casa he vivido,
la opinión se ha confirmado.
    Tantos los empeños son
en que un engaño me ha puesto;
mira si alcanzas con esto
remedio a mi confusión.

Campana   Vesle aquí. Pues de mil modos
te cercan riesgos tan grandes,
toma postas, vete a Flandes,

	y escaparáste de todos.

Diego	¡Buen consejo me propones!
	Pretendo lograr mi amor
	con Teodora, y con Leonor
	cumplir mis obligaciones,
	  y del uno y otro extremo
	dudo en cuál arriesgo más,
	¿y por remedio me das
	los mismos daños que temo?
	  ¿Fuera acción de quien soy, di,
	que las espaldas volviera,
	sin que cara a cara diera
	yo satisfacción de mí?

Campana	Pues desengaña a Leonor.
Diego	Bien quisiera; mas, ¿qué labios podrán pronunciar agravios a que mi engaño y mi error dio tan injusta ocasión?
Campana	El refrán te lo declara: «Más vale vergüenza en cara, que mancilla en corazón.»
Diego	¡Ay de mí! Pues el tormento no me mata, o yo estoy loco, o es mi sentimiento poco, pues cabe en él sufrimiento.

(Salen doña Leonor e Inés.)

Leonor	¡Don Diego! ¡Señor! ¿Qué es esto?

Diego	Éstos son rayos, Leonor, de la nube de un error que en ciega noche me ha puesto.
Leonor	¿Qué noche o qué error?
Diego	Supuesto que el desengaño, señora...
Leonor	A entenderos llego ahora; confuso estáis y penoso, viendo que es ya tan forzoso desengañar a Teodora...
Campana (Aparte.)	(¡Buenas noches nos dé Dios!)
Leonor	Yo lo haré; no os dé cuidado.
Campana (Aparte.)	(Con eso queda enmendado.)
Diego	Mirad, señora, que vos...
Leonor	No temáis que de los dos querellosa ha de quedar; que yo lo sabré trazar.

(Campana habla aparte con su amo.)

Campana	¿Qué es de tu valor, señor? ¡Habla!
Diego	Por tener valor, Campana, no puedo hablar.

Inés	Teodora viene.
Campana (Aparte.)	(Aquí es ello. De esta vez, que la tramoya descubre, se abrasa Troya.)
Diego (Aparte.)	(Mil cuchillos, de un cabello pendientes, mi triste cuello amenazan.)

(Sale doña Teodora.)

Teodora	Mi Leonor,
	mil gracias te da mi amor
	por mí y mi dueño querido,
	pues a tu fe hemos debido,
	él la vida y yo el honor.
	  Tan bueno y galán os veo,
	que juzgo, bien de mi vida,
	que os dio más salud la herida,
	la enfermedad más aseo;
	mas tal mano y tal deseo
	en restauraros, ¿qué haría
	si para que cada día
	dé la edad pasos atrás,
	es la hermosura no más
	la mejor filosofía?
	  ¿Pero qué es esto, don Diego?
	¿No me habláis? ¿Tan mesurado,
	suspenso, triste y callado,
	nieve sois a tanto fuego?

Diego	¡Ay, Teodora, que me anego!

¡Ay, que entre una y otra roca
mi confuso pecho toca
ya el cielo, ya las arenas,
y las olas de mis penas
matan la voz en la boca!

Teodora   Dueño de mi pensamiento,
si son de esas tempestades
causa las dificultades
opuestas a nuestro intento,
vuestra soy, cobrad aliento.
Al puerto anhelad seguro,
que si la vida aventuro,
rayos dará la verdad,
que en clara tranquilidad
cambien el nublado oscuro.
  Ya del peligro el aprieto,
y ya el rigor de las penas
a quebrantar las cadenas
nos obligan del secreto.
Don Sancho es noble y discreto,
la verdad sepa; y Leonor,
pues su amistad y su amor
lo aseguran, con su mano,
cuando lo sepa mi hermano,
mitigará su furor.

Leonor   Teodora, Teodora, advierte
que es muy otro estado ya
el que a nuestras cosas da
la violencia de la suerte.
En evitar yo la muerte
de don Diego, en honestar
la ocasión, en ocultar

	tu amor, y en haberle hallado
solo conmigo encerrado,
tú no me puedes culpar.
Teodora	Es verdad que fuerza ha sido,
no culpa.
Leonor	Juzga con esto
el empeño en que me ha puesto
quien después acá ha tenido
el nombre de mi marido
en mi casa y a mi lado,
y si queda restaurado
en la opinión popular,
mi honor, solo con quedar
mi hermano desengañado.
Teodora	¿Qué quieres decir en eso?
Leonor	Que mires cómo daré
sin que él la mano me dé
a mi fama buen suceso.
Teodora	Harásme perder el seso
Campana (Aparte.)	(Ya ha reventado la mina.)
Teodora	¿Tal dice, tal imagina,
tan fina amiga, Leonor?
Leonor	No obliga contra el honor
la ley de amistad más fina.
Teodora	¿Esto escucho, y de mis celos

no me enloquece la furia?
¿Así la amistad se injuria?
¿Así se ofenden los cielos?
¿Cómo ardientes Mongibelos,
cielos, no multiplicáis?
¿A qué delitos guardáis
de los rayos vengadores
las iras, si los traidores
amigos no fulmináis?

Leonor
Ni los cielos he ofendido,
ni mi amistad es aleve;
que quien hace lo que debe,
Teodora, no ha delinquido.

Teodora
Bien dices; lo que has debido
has hecho; justa venganza
tomas, pues mi confianza
funde en tu firmeza mal,
sabiendo que es natural
en la mujer la mudanza.
  No des color mentiroso
de honor a lo que es amor,
pues diera al mundo tu honor
desengaño tan forzoso
con ser don Diego tu esposo;
y pues mi razón adviertes,
si me costase mil muertes
no has de conseguir tu gusto.

Campana
Sobre la mano del justo
echan rayos, que no suertes.

Teodora
Pero vos, ¿Cómo tenéis

	en dura prisión los labios?
	¿Vos escucháis mis agravios,
	don Diego, y enmudecéis?
	Sin duda a Leonor queréis;
	mudado habéis pensamiento.
Diego	Ya se acabó el sufrimiento;
	que si mi fe desconoces,
	hará que la diga a voces
	la violencia del tormento.
	Tuya es el alma, Teodora,
	y tuya ha de ser la mano;
	que Leonor obliga en vano
	a quien por dueño te adora,
Leonor	¿Que escucho, cielos?
Campana (Aparte.)	(Agora entra el papel de Leonor.)
Leonor	Eso debistes, traidor,
	decir, cuando vuestros labios
	dieron causa a estos agravios,
	solicitando mi amor.
Teodora	¿Qué dices?
Campana (Aparte.)	(Vertió el poleo.)
Inés (Aparte.)	(¡Ya escampa la tempestad!)
Teodora	Dime, Leonor, la verdad.
Leonor	Que engañaba tu deseo

	dijo...
Teodora	¡Oh, falso!
Leonor	Y que su empleo era verdadero en mí. Si no merezco de ti crédito por mi nobleza, infórmete la fineza con que la vida le di.
Teodora	Dices verdad.
Diego	Fue fingido mi amor.
Leonor	Si lo fue el amarme, no lo ha sido el obligarme y haberos favorecido.
Teodora	O verdadero o mentido haya sido, ya a Leonor obligastes; ya traidor emprendistes mis agravios; que es negarla con los labios delito en la fe de amor.
Diego	Si me escucháis la ocasión, satisfecha quedaréis.
Teodora	¿Qué he de escuchar, si me habéis confesado la traición? Cuando haya sido ficción, y no verdad el amarla,

¿cómo podéis disculparla
habiéndomela ocultado,
pues es de haberme agraviado
tan cierto indicio el callarla?

Diego   Si yo no pude...

Teodora   ¡Callad!

Diego   ¡Dejadme decir!

Teodora   Ya veo
que vuestro falso deseo
amó su comodidad.
Sangre, riqueza y beldad
vistes en Leonor, y así,
aunque tanto os merecí,
quisistes al mismo paso
obligarla, por sí acaso
me perdiésedes a mí.
 Y pues ya con eso habéis
merecido su favor,
satisfaced a Leonor
la opinión que le debéis.
Vida por ella tenéis;
pagádsela con la mano;
que yo, pues ha sido vano
el crédito que tenía
del amor vuestro, la mía
resuelvo dar a su hermano.

Diego   ¡Tente...

(Sale Constanza.)

Constanza   Tu hermano, señora
          ha llegado; baja presto.

(Vase Constanza.)

Teodora   ¡Soltadme, engañoso!

(Vase doña Teodora.)

Diego (Aparte.)   (Esto
          —¡cielos!— me faltaba agora.
          Cuando resolvió Teodora
          mi muerte, y satisfacella
          de su engañada querella
          me importó, don Juan llegó,
          por que no pudiese yo
          seguirla ni detenella.)

          Fin de la segunda jornada

Jornada tercera

(Sale don Diego, con capa y espada, cerrando un papel.)

Diego
          Ya que me impidió la suerte,
con desdicha tan cruel,
que saliese a la campaña
cuando me esperó el Marqués,
en este papel verá
la ocasión y que a la ley
no falto del desafío
cuando puedo, pues en él
verá que le aguardo solo
esta noche.

(Sale Campana.)

Campana   Señor.

Diego   ¿Pues?
¿Qué dice Teodora?

Campana   ¿Como
qué dice? Imposible fue
verla; que de ella y su casa
tan vigilante Argos es
su hermano, que en todo el día
no ha puesto en la calle el pie.

Diego   No haces cosa que no sea,
Campana, echarme a perder.

Campana   ¿Pues de esto te quejas?

Diego	De eso no me quejo.
Campana	Pues, ¿de que?
Diego	De que dieses a Teodora tan neciamente el papel.
Campana	¿Tanto el papel importaba?
Diego (Aparte.)	Tanto, que me puede hacer dos terribles daños. (Que era el billete en que el Marqués me desafió, y Teodora puede publicarlo, y él pensar que es flaqueza mía lo que mi desdicha fue, con que mi valor se infama, y ella habrá echado de ver que a la estacada salía por Leonor; con que mi fe ha de condenar del todo, pues del todo ha de creer que a doña Leonor amaba; que ya sabrá que tomé la espada y quise salir en recibiendo el papel. Ya lo sabrá, claro está, pues tanta ocasión, después de informarse por minutos, dio mi suceso cruel; y cuando esperé, ocultando la verdad, darle a entender que por huir de Leonor

por el balcón me arrojé,
habrá visto, en daño mío,
lo peor que pudo ver.)
¡Ay, Campana, cuál me tienen
tus necedades!

Campana   Más bien
dijeras mis prevenciones;
que si salen al revés,
culpa a la suerte, no a mí
Dime tú, ¿qué pude hacer,
si a verte casi difunto
de los primeros llegué,
que fuese más bien pensado?
Mira, señor, una vez,
por un negro galanteo
con un toro me arriesgué.
Pescóme, y como pelota,
dio un bote conmigo; y dél
apenas libre me vi,
cuando cercado me hallé
de mil pícaros piadosos,
que con achaque de ver
la herida, las faltriqueras
me dejaron del revés.
De este caso escarmentado,
en el tuyo me acordé,
y te saqué de ellas luego
llaves, dinero y papel.
Llegó al punto la justicia,
y como trató de hacer
información de quien eres
y del caso, recelé
que los que el papel me vieron

sacarte, le diesen de él
noticia, y para informarse
me le quitasen. Hallé
a mano a Teodora bella,
que vuelto el rojo clavel
en blanca azucena, al punto
que oyó tu mal, bajó a ver
si el alma que ya exhalabas
viendo que venció al desdén
la piedad, se detenía,
avarienta de beber
las perlas que por dos bellas
niñas derramaban tres.
Y como suyo, con causa,
el billete imaginé,
pues al punto que los ojos
pasaste, señor, por él,
demostración tan extraña
hiciste, que por poder
huir de Leonor te echaste
por un balcón, le entregué
el billete sin recelo;
antes temiendo que de él
la justicia coligiera
vuestro amor, imaginé
que de nadie lo podía
fiar sino de ella, a quien
iba el honor en guardarle.
Si los discursos que ves
me engañaron, no fue mía
la culpa, que tuya fue;
que si tú no me ocultaras,
cuando leíste el papel,
sus misterios, yo supiera

	lo que me importaba hacer.
Diego	Bien dices, la culpa es mía, pues no le rompí; que quien no entrega al fuego testigos, que viviendo pueden ser instrumentos de su mal, pierde por su culpa el bien. Ya está hecho. Agora importa que lleves éste al Marqués don Fadrique, y en su mano se le entregues.
Campana	¿Para qué? Que no tardará un momento, señor, en llegarte a ver.
Diego	¿Cómo?
Campana	Preguntóme agora que por su puerta pasé, dónde estabas; respondíle que en esta posada; y él replicó: «Pues, ¿cómo está en una posada quien es esposo de Leonor?». Yo le dije: «Engaño es». Y como le vi celoso, le quise satisfacer, y de todos tus amores la verdad le declaré; y mostróse tan contento del desengaño el Marqués, que para verte, al instante,

	el coche mandó poner.
Diego	¿Que supo todo el suceso de ti?
Campana	No todo; que de él alguna parte sabía.
Diego	¿Qué sabía?
Campana	Que después de haber cobrado tu acuerdo la infelice noche que del cielo de Leonor fuiste precipitado Luzbel, a tu posada te trajo la justicia para hacer diligencia. Esto sabía el Marqués; yo le conté cómo don Juan y don Sancho lo permitieron, por ser más conveniente a sus celos y disimular más bien la ocasión; y cómo tú declaraste que el caer del balcón fue contingencia, porque te dio estando en él gota coral; y don Sancho, advirtiendo cuán cortés y recatado anduviste, lo que tú dijo también, y que con esto cesó la justicia en proceder.

Diego	¿Que de mi amor los sucesos todos le contaste?
Campana	Al pie de la letra, como dicen.
Diego	¡Voto a Dios, que me has de hacer que te mate o que me mate!
Campana	¿Otra tenemos? ¿Pues qué? ¿También en esto he pecado?
Diego	¡Hombre o demonio, también!
Campana	Él me lleve, pues no acierto a servirte.
Diego	Amén.
Campana	Amén, mil amenes, pues tu gusto en esto solo acerté.
Diego (Aparte.)	(El Marqués ha de pensar que echadizo le envié a darle satisfacción, y para reñir con él no tengo valor. ¡Ah, cielos! ¿Por qué permitís, por qué, que deslustre la Fortuna un noble acero por quien de tanto enemigo vuestro el escarmiento se ve?) Mas tú, ¿qué causa le diste

	de mi caída al Marqués?
Campana	Escaparte de Leonor.
Diego	¿Eso más?
Campana	¿Esto también culpas? Ello va de errar.
Diego (Aparte.)	(¿Cuando debiera entender que por ir al desafío por el balcón me arrojé, le ha dicho que por huir de Leonor, porque el Marqués dé más crédito a mi afrenta? ¿Hay desdicha más cruel? ¡La verdad ha desmentido con la mentira! ¿Qué haré sin ventura y sin honor?) ¡Vive Dios, que estoy...
Campana	No estés; que ya el Marqués ha llegado.
Diego	¿Con qué cara le he de ver?

(Sale el Marqués.)

Marqués	¡Don Diego amigo!
Diego	¡Marqués! ¿Cómo a quien desafiáis nombre de amigo le dais?

Marqués	No haré poco si después
que la verdad he sabido,
os obligo a perdonar
el delito que en dudar
de vuestra fe he cometido.
Diego	Para mi satisfacción
vuestro engaño es la disculpa,
que aunque yo no tuve culpa,
vos tuvistes ocasión.
Mas advertid que Campana
se erró, Marqués, en decir
que yo salté por huir
de Leonor por la ventana.
Marqués	¿Cómo?
Diego	Porque yo salía
a veros al señalado
sitio; y como ese criado
esta ocasión no sabía,
y la otra sí, atribuyó
a la que supo el exceso;
y para dejaros de eso
satisfecho, os escribió
hoy mi mano este papel.
Vedle, Marqués.
Marqués	Yo lo estoy.
Diego	No cumplo yo con quien soy,
si vos no os informáis de él.
Marqués	Verélo por vuestro gusto,

                    mas no porque es menester.

(Lee en secreto.)

Campana Agora llego a entender
los misterios del disgusto
   que le he dado. Como honrado
el desafío calló;
y bien me espantaba yo
de que se hubiese arriesgado
   por el balcón, para huir
de Leonor, quien por la puerta,
pues la tuvo siempre abierta,
pudo a su salvo salir.

Marqués El papel he ya leído;
mas, ¿quién dudó o quien ignora
que vos, como siempre, agora
con quien sois habéis cumplido?
   Mas decidme ya el estado
que tiene vuestra esperanza;
que al remedio o a la venganza
me hallaréis a vuestro lado.

Diego Mil años el cielo os guarde;
mas si bien vuestro favor
vale tanto, ya en mi amor
sospecho que llega tarde.

Marqués ¿Pues tan poca confianza
tenéis de Teodora hermosa?

Diego Si está con razón celosa,
no es liviandad su mudanza,

	y no he podido hasta agora satisfacer su sospecha.
Marqués	¿Esperáis que satisfecha, volverá a amaros Teodora?
Diego	De su firmeza fiara el remedio de mi daño, si llegara el desengaño antes que el daño llegara.
Marqués	Pues si consiste, don Diego, en dilatar la ocasión de darle satisfacción el peligro, vamos luego; que en ello, puesto que os doy con razón nombre de amigo, a arriesgar por vos me obligo cuanto puedo y cuanto soy.
(Aparte.)	(Vengaréme de Leonor en esto; que a su pesar con Teodora ha de lograr don Diego su firme amor.)
Diego	Dos mil años tus blasones aumentes, noble Marqués, porque a los señores des un espejo en tus acciones; que no consiste en nacer señor la gloria mayor; que es dicha nacer señor, y es valor saberlo ser.

(Vanse el Marqués y don Diego.)

Campana   Vivas, si llegan a verse
           premiados tantos cuidados
           por ti, más que dos casados
           que dan en aborrecerse.
               Vivas, Marqués, mas edades
           que una sisa, y que un pavés
           en casa de un montañés
           preciado de antigüedades.
               Y vivas, en conclusión,
           más que un ministro cansado
           de quien tiene un desdichado
           la futura sucesión.

(Vase Campana. Salen doña Teodora y Constanza.)

Constanza   Ya dicen que está don Diego
             con salud.

Teodora   ¡Nunca el sentido
             tan en mi agravio perdido,
             cobrará el ingrato!

Constanza   ¿Luego
             estás mal con él?

Teodora   Constanza,
             aquella demostración
             a mi celosa pasión
             restituyó la esperanza.
                 Porque, ¿quién en mi favor
             no creyera que seguía
             a Teodora quien huía
             tan resuelto de Leonor?

             Mas ya sabiendo mi daño,
             desvaneció su mudanza
             la sombra de mi esperanza
             a la luz del desengaño.

Constanza   ¿Pues cómo huyó, si quería
             a Leonor, de la ocasión,
             cuando ya de su afición
             el fin a los ojos veía?

Teodora   Dime tú cómo aguardó,
             si no la amaba, el forzoso
             instante de ser su esposo,
             y diréte cómo huyo.
               La verdad han declarado
             los mismos casos después;
             que conforme lo que Inés
             del suceso me ha contado,
               apenas del desafío
             el billete recibió,
             que su criado me dio,
             y Leonor tuvo por mío;
               cuando confuso y callado
             se entró en su cuarto, y ceñida
             la espada, que requerida
             dio indicios de su cuidado,
               salir quiso, y lo impidió
             doña Leonor, que avisada
             del billete y de la espada,
             la llave a la puerta echó.
               Éste fue, Constanza mía,
             el motivo y la ocasión
             de saltar por el balcón.
             A la campaña salía,

  donde el Marqués le aguardaba,
a matarse por Leonor;
mira si le tiene amor
quien por ella se mataba.
  Yo estoy tan determinada,
Constanza, como ofendida,
y he de cumplir advertida,
si he resistido engañada,
  de don Sancho la esperanza,
con tal que mi amor pasado,
ya que el gusto no ha logrado
logre al menos la venganza;
  porque, o no ha de dar la mano
Leonor, pues que me ofendió,
al falso don Diego, o yo
no la he de dar a su hermano.

Constanza   Don Juan viene.

(Sale don Juan.)

Juan   Ya, Teodora,
mira mi ardiente deseo
dispuesto el dichoso empleo
que en Leonor mi pecho adora,
  pues que no estorba el suceso
de don Diego mi cuidado;
que en Madrid se ha divulgado
que por privarle de seso
  la gota coral, cayó
del balcón; y yo con esto,
que se publique he dispuesto
que don Sancho le curó
  por amigo y por piadoso,

y que se erró la opinión
que atribuyó la ocasión
a ser de Leonor esposo.
   Y así, ya lo que impedía
mi dicha cesó, y estoy
ya determinado, y hoy
ha de ser esposa mía;
   que pues me admite Leonor,
siendo quien es, por su dueño,
no llegó a mayor empeño
con don Diego su favor.

Teodora   Dices bien; que es necedad
pensar que la que es honrada,
por más que esté enamorada,
ofenda su honestidad
   antes que al tálamo llegue;
y los que dan a entender
que ha habido noble mujer
que sin ser querida ruegue,
   o en palabras confiada
pierda la prenda mejor,
o no saben qué es honor,
o pretenden que enseñada
   la de mejor calidad
de un ejemplar tan injusto,
fácilmente por el gusto
desprecie la honestidad.

Juan   Dices bien.

Teodora   Y con razón
te resuelves.

Juan	Que la mano
le des, Teodora, a su hermano
me ha puesto por condición
	solamente.

Teodora	Y yo quería,
para dársela, poner
por condición que ha de ser
ella tu esposa.

Juan	Ya es mía,
pues determinada estás.

Teodora	Si estoy, don Juan, y por ti
hago poco, pues por mí
has hecho tú mucho más;
	pues la prolija ocasión
que a tus pesares he dado
por don Diego, has perdonado.

Juan	Pues a don Sancho Girón
	parto a buscar al momento;
que, por ventura, en palacio
estará con más espacio
que cabe en mí sufrimiento;
	que nuestra dichosa suerte
solo se ha de dilatar
lo que yo puedo tardar
en volver, con él, a verte.

(Vase don Juan.)

Constanza	¿Esto es hecho?

Teodora
        Sí, Constanza,
esto es hecho. Ya perdió
don Diego a las dos, y yo
he logrado mi venganza.
    Prevénme joyas y galas;
que a mi amor, para ocultar
del corazón el pesar,
dorarle quiero las alas.
    Daré, ostentando contento,
a don Sancho galardón,
a don Juan satisfacción,
y a don Diego sentimiento.

Constanza
    De tan lucidos colores
pienso adornarte, señora,
que envidie la misma Flora
las mentiras de tus flores.

Teodora
    El disgusto lisonjeo
de mi desdichado amor,
como don Diego y Leonor
no consigan su deseo.

(Salen el Marqués y don Diego. Los dos hablan a la puerta.)

Marqués
    Seguro la podéis ver;
que yo, si don Juan volviere,
le detendré.

Diego (Aparte.)
    (Quien ya muere,
¿qué peligro ha de temer?)

(Vase el Marqués.) Teodora, la más cruel...

Teodora
    Don Diego, el más fementido,

       el más falso, el más mudable,
       el más ingrato que ha visto
       el ámbito de los cielos
       y el discurso de los siglos,
       ¿qué quieres?, ¿qué quieres?
       ¡Vete, vete, que ya me has perdido!

Diego   Escucha.

Teodora   No hay que escucharte
       Ya estoy resuelta, enemigo;
       ni oír tus descargos quiero,
       ni te remedia decirlos.
       Ya de mis labios el sí
       don Sancho Girón ha oído,
       y para darle la mano
       le aguardo ya, y con el mismo
       intento a don Juan espera
       tu Leonor; que lo has perdido
       todo, por quererlo todo.
       ¿Qué aguardas, pues? Que ya el brío
       de don Sancho, escarmentado
       y sangriento, has conocido;
       y si mi honor no te obliga,
       te ha de obligar tu peligro.

Diego   ¿Hay más morir que morir?
       Pues si ya al tormento esquivo
       de tu mudanza y rigor
       doy los últimos suspiros,
       ¿qué peligros me amenazas?
       Antes, del agudo filo,
       el golpe será piadoso,
       si del tirano martirio

                de una muerte dilatada
                con él, Teodora, me libro;
                que es estar siempre muriendo
                vivir y haberte perdido.
                Óyeme, pues, si deseas
                que me vaya; que te estimo
                tanto, que a satisfacerte
                o a morir me determino;
                no porque a tu blanca mano
                las esperanzas animo;
                mas por cumplir con quien soy,
                que me infamo si permito que
                me publiques ingrato,
                cuando noble me publico.
                Atiende, pues, sin que el riesgo
                de mis fieros enemigos
                te divierta; que en la calle
                queda quien sabrá impedirlo.

Teodora   Di, pues, di, pues.

Diego   Tú me acusas
                de que a Leonor he querido.

Teodora   ¿Con qué puedes disculparte?

Diego   Con el precepto preciso
                que de ocultar nuestro amor
                por tu fama y mi peligro
                te escuché, de que avisado
                Campana, por haber visto
                que Leonor lo sospechaba,
                con esa ficción la quiso
                deslumbrar.

Teodora ¿A tu criado
atribuyes tu delito?
¡Qué poca memoria tienes
para mentir! ¿No te dijo
en mi presencia Leonor
que leyó en tus labios mismos
finezas que la obligaron
a rendirte el albedrío?

Diego Es verdad; mas ya empeñada
del pensamiento fingido
Leonor, juzgué que era menos
el daño de proseguirlo
que el riesgo de declararlo;
pues ya que el error se hizo,
de burlada se ofendiera
y esforzara los indicios;
pues desengañar su amor
era declarar el mío.

Teodora Buena disculpa, si hubiera
prevenídome tu aviso
de su engaño.

Diego Nunca fue
posible verme contigo
para darte cuenta de ello,
desde que empecé a fingirlo
hasta el instante infeliz
en que mi suerte, al principio
de tanta gloria, en don Sancho
tanta pena me previno.

Teodora	Yo quiero pasar por eso. ¿Cómo, cuando Leonor dijo que era tu esposa, callaste?
Diego	¿Pude yo, si con decirlo mi vida te reservaba; pude yo, si con peligro de su honor la defendía del acero ejecutivo; pude yo, si nuestro amor dejaba así desmentido; y, al fin, pude yo, si ya en mortal púrpura tinto, para suspirar apenas respiraba el pecho frío, desmentirla?
Teodora	Ya que entonces causasen esos motivos tu silencio, ¿no dio al cielo el Sol dilatados giros mientras cobrabas salud, en que mil veces nos vimos, y callaste? Esto no tiene descargo, no, fementido.
Diego	Sí tiene.
Teodora	Pues si lo tiene, don Diego, no quiero oírlo. ¡Vete, vete!
Diego	Sin dejarte satisfecha, ya te he dicho

	que no he de salir de aquí.
Teodora	Si con eso has de irte, digo
que estoy satisfecha ya.
¿Qué esperas, pues?
Diego	¿Qué áspid libio
cerró con tanta crueldad
al encanto los oídos,
como a mis disculpas tú?
¿Qué engañoso cocodrilo,
como tú, con voz humana
muerte inhumana previno,
pues satisfecha te finges,
cuando enemiga te miro?
Dime tú, si de Leonor
te dijera el desvarío,
cuando a su lado me veías
gozar de los beneficios
de su hospedaje y su amor,
¿qué inquietudes, que delirios,
que tormentos, qué furores,
qué celos, qué desatinos
te causara, sin poder
por entonces impedirlos
con mi ausencia, pues ponía
la crueldad de mi destino,
con las heridas del pecho,
a los pies mortales grillos?
Teodora	¡Mientes, falso! Que a ser ésa
la ocasión, habiendo visto
a Leonor tan obstinada,
luego que convalecido

	te viste del accidente,
	evitaras fugitivo
	ocasiones a mi agravio,
	y de su amor desperdicios;
	y pues que no te ausentaste,
	gustabas de ser vencido;
	que la ejecución desea
	quien no se esconde al peligro.
Diego	¿Qué dices? Pues, ¿fuera bien
	que con un exceso mismo,
	si me ausentara, perdiese
	cuanto ganar solicito?
	¿No infamaba así a Leonor?
	Y con su agravio ofendidos
	don Sancho y don Juan, ¿no fueran
	mis mortales enemigos?
	Siéndolo, ¿pudiera verte?
	¿Fuera acertado arbitrio
	que dejándoles con eso
	de nuestro amor advertidos,
	te expusiese a sus disgustos
	por evitar yo los míos?
	Y, al fin, la fineza vil
	de ausentarme fugitivo,
	¿qué opinión me diera,
	cuando por merecerte la estimo?
Teodora	Pues, ¡no reparaste en eso
	por salir al desafío
	por Leonor, y reparaste
	para ser firme conmigo!
	Mira cuánta diferencia,
	cuánta ventaja colijo

de lo que Leonor te obliga,
falso, a lo que yo te obligo;
que por sus celos tuviste
alas para el precipicio
del balcón, y por mi amor
tuviste en la puerta grillos.

Diego   Dices bien que grillos tuve,
por tu amor apetecidos;
que era más daño perderte
libre, que verme cautivo.
Dices mal que por Leonor
alas calzo y vientos piso,
cuando por mi honor, y no
por su amor, me precipito;
que no te quiero negar,
supuesto que lo has sabido
por el papel que Campana
te dio incauto, el desafío.
Mas fueron méritos ambos
los que tú juzgas delitos,
porque en huir por tu amor,
hiciera un exceso indigno
de quien soy; que nunca huyendo
negocian los que han nacido
honrados; y en no salir
por Leonor al desafío,
infamara mi valor;
que aunque sin razón sentido,
si bien con ella engañado
de lo que la fama dijo,
me desafió el Marqués,
la ley del duelo no quiso
que el engaño de la causa

                    reservase del peligro.
                    Mira, pues, si no saliera,
                    si fuera de amarte digno,
                    retado y no satisfecho,
                    no vengado y ofendido.
                    Mas, ¿para qué satisfago
                    a estos cargos tan prolijos,
                    si he visto ya que deseas
                    más hallarlos que sentirlos?
                    ¿No le dije en tu presencia
                    a Leonor que el albedrío
                    violentarme pretendía?
                    Y en la suya, ¿no te dijo
                    mi lengua que eras mi dueño?
                    Pues, ¿por qué buscas indicios
                    de culpas, si con probanzas
                    mis finezas acredito?

Teodora   ¡Calla, calla! ¿Por tan necia
                    me tienes, que no colijo
                    —pues juntamente con dar
                    a Leonor esos desvíos,
                    aguardabas de entregarle
                    la mano el lance previsto—
                    que eran fingidos desdenes,
                    tratados y prevenidos
                    con ella, los que le hiciste,
                    solo por cumplir conmigo?

Diego   ¿Que pueda tanto la fuerza
                    de mi contrario destino,
                    que dicte a un pecho tan noble
                    tan maliciosos juicios?
                    ¡Ingrata, di, di, cruel,

que con tan sutil estilo,
por negar mudanzas tuyas,
arguyes agravios míos!
Puesto que Leonor me adora,
y que don Sancho ha querido
que yo la mano le dé,
¿por quién queda? ¿Por quién? Dilo.
¿No queda por mí? Si yo
la amara y fueran fingidos
los desdenes que le he dado
solo por cumplir contigo,
agora ya, ¿qué esperara,
después de haber entendido
que tú entiendes que lo son,
y que sin fruto los finjo?
¿Y más cuando las ofensas
que me has hecho y que me has dicho,
disculpándome mudado,
me merecen vengativo?
¿No me entrara por sus puertas?
¿No cumpliera mis designios?
¿Diérate satisfacciones?
¿Aguardara tus desvíos?
Pues si la dejo y te busco,
si de ella huyo y te sigo,
si te adoro y la desprecio,
si te ruego y le resisto,
¿cómo, di, negarte puedes
satisfecha? O, ¿qué delitos
me arguyes por disculpar
agravios tan conocidos?
¡Di que te has mudado, falsa,
di que don Sancho es más rico,
di que yo soy desdichado,

|||||||||||di que tu amor fue fingido,
di que yo no te merezco;
que esto yo también lo digo;
y no desmientas finezas,
cuyos sentimientos vivos
hubieran hecho señal
en las entrañas de un risco!

Teodora (Aparte.) (¡Ay de mí!)

Diego ¿Callas, Teodora?
¿Estás satisfecha? Dilo.

Teodora (Aparte.) (¿Qué importa, si cuando a tantas
satisfacciones me rindo,
tan empeñado a don Juan,
a mí y a don Sancho miro,
pues en fe de que le he dado
tan resuelta el sí, ha partido
para el efeto a llamarle?
¡Mal haya mi desatino,
pues quien se arroja celoso,
no remedia arrepentido!)

Diego ¿Cómo enmudeces, Teodora?
¿Que pueda tu pecho esquivo
no confesarse obligado,
mostrándose convencido?
Mas pues lo estás, y a esto solo,
y no a merecerte, aspiro,
¡quédate con Dios, ingrata,
que partirme determino
a Flandes, donde arrojado
a los mayores peligros,

o ya bala voladora,
o ya blandiente cuchillo,
del corazón con el alma
arranque un amor que ha sido
mal premiado por ser tuyo,
desdichado por ser mío!

(Quiere irse.)

Teodora   ¡Tente!

Diego   ¡Aparta!

Teodora   ¿No me oirás?

Diego   ¡Suelta, que ya me has perdido!

Teodora   ¡Dame cortés el oído,
si amante no me le das!

Diego   ¿Para darme nueva herida
pones al arco otra flecha?
¡Suelta!

Teodora   Ya estoy satisfecha.

Diego   Pues con esto es mi partida
más cierta ya.

Teodora   Si te vas
habiéndome satisfecho,
entenderé que lo has hecho
para matarme no más.

Diego   Pues, ¿que quieres?

Teodora   ¡Ay de mí!
                        ¿Que puedo querer? Que muero
                        por no poder lo que quiero.

(Sale Campana.)

Campana   ¿Cómo estas, señor, aquí
                          tan seguro y descuidado?
                        Trata de escaparte.

Diego   Pues
                        ¿qué hay de nuevo?

Campana   Que al Marqués
                        he visto, señor, cansado
                          de entretener en la calle
                        a don Sancho y a don Juan.

Diego   ¿Qué importa? ¡Vengan!

Campana   Sí, harán.
                        Ya entrarán; que sin bastalle
                          mil trazas con que el Marqués
                        alejarlos ha intentado
                        —que sin duda han sospechado
                        la causa— están ya los tres
                          casi a los mismos umbrales
                        de esta casa.

Teodora   ¡Ay, desdichada!

Diego   Si tú estás determinada,

	hoy el fin de nuestros males, señora, y vuestra inhumana fortuna, verás vencida. Al Marqués di que no impida la entrada a los dos, Campana; pero que él siga sus pasos.
Campana	¿Cómo se lo he de decir?
Diego	Los ojos suelen servir de lenguas en tales casos.
Campana	Dices bien; señas le haré.

(Vase Campana.)

Teodora	¿Qué disculpas me valdrán, hallándote aquí?
Diego	Ya están los quilates de tu fe puestos al crisol, Teodora; muestren aquí su fineza; que si acaso la grandeza y la autoridad agora no bastare del Marqués a obligarlos —¡vive Dios!— que hemos de mostrar los dos, si ya me pudieron tres teñir en sangriento humor en el pasado suceso, que fue del número exceso, no ventaja del valor.

(Salen doña Leonor e Inés.)

Leonor (Aparte.) (Mi venganza conseguí,
pues viene ya a dar la mano
a mi enemiga mi hermano.
¡Pero don Diego está aquí!)
¿Así a don Sancho Girón
cumples lo que has prometido,
Teodora? ¿Así habéis cumplido,
don Diego, la obligación
en que mi hermano os ha puesto?

Diego ¿Que aún no de tu loco amor
te arrepintieron, Leonor,
mis desengaños?

Teodora (Aparte.) (Con esto
quedo vengada y contenta.)
Haz lo que te toca a ti;
que lo que yo prometí,
corre, Leonor, por mi cuenta.

(Salen el Marqués, don Juan, don Sancho, y Campana.)

Juan Pues quiere vueseñoría
honrarnos, será padrino
de dos bodas.

Sancho (Aparte.) (Yo imagino,
pues importuno porfía,
que otros intentos le mueven.)

Juan ¿Don Diego está aquí?

Sancho (Aparte.)　　　　(No ha sido
　　　　　　　　el recelo que he tenido
　　　　　　　　en vano.)

Juan　　　　　　　　¿Cómo se atreven
　　　　　　　　a este cuarto vuestras plantas,
　　　　　　　　don Diego, en ausencia mía?

Campana (Aparte.)　(¡Aquí es ello!)

Diego　　　　　　　　¿Cumpliría
　　　　　　　　con obligaciones tantas
　　　　　　　　　como los lances pasados
　　　　　　　　me han puesto, si no volviese
　　　　　　　　a donde os satisfaciese?

Sancho　　　　　Satisfechos y obligados
　　　　　　　　　nos dejárades, don Diego,
　　　　　　　　con no volvernos a ver,
　　　　　　　　mucho más que con volver
　　　　　　　　a dar alimento al fuego;
　　　　　　　　　que aún hay centellas
　　　　　　　　en mí de la pasada ocasión.

Marqués　　　　Señor don Sancho Girón,
　　　　　　　　advertid que estoy aquí;
　　　　　　　　　y entre tales caballeros
　　　　　　　　no ha de sufrir mi presencia
　　　　　　　　ni ventaja ni violencia
　　　　　　　　de palabras ni de aceros.

Diego　　　　　　Don Sancho y don Juan, oíd.
　　　　　　　　Ya habéis visto que he excusado
　　　　　　　　con sufrimiento y cuidado

	dar qué decir en Madrid;
	que no es bien que de los hombres
	que nacieron principales
	conozcan los tribunales,
	en casos de honor, los nombres.
	Las leyes del casamiento
	pronuncia la voluntad;
	de Teodora consultad
	el libre consentimiento;
	que si tan alta ventura
	pensáis que he de merecer,
	mil vidas he de perder
	primero que su hermosura;
	y si imagináis que no
	no tenéis qué recelar,
	pues de ello vendré a quedar
	desairado solo yo.

Marqués   Don Diego pide razón.

(A don Juan.)

Sancho   Don Juan, yo temo...

Juan   Ofendéis
su calidad si ponéis
duda en su resolución.
   Teodora es hermana mía,
y la fe que nos ha dado
cumplirá.

Sancho   Pues mi cuidado
en vos y en ella se fía.

(A don Juan.)

Leonor   Mirad lo que hacéis, don Juan.
que ha de elegir a don Diego.

Juan   ¿Que aun aquí de tu amor ciego
indicios tus celos dan?

Leonor   Que me perdáis de esa suerte
es solo lo que recelo.

Juan (Aparte.)   (Yo me holgaré, ¡vive el cielo,
por vengarme de perderte.)
   Don Diego, los dos estamos
conformes en vuestro intento.
A saber tu pensamiento
solo, Teodora, aguardamos.
   Mira tus obligaciones,
y dinos tu voluntad.

Marqués   No ponga a tu libertad
el temor vanas prisiones,
   pues que presente me ves
y te ofrezco mi favor.

Leonor (Aparte.)   (¡Que tome de mi rigor
venganza en esto el Marqués!)

Teodora   Cuando ofensas engañadas
a ciegos efetos mueven,
don Juan, cumplirse no deben
palabras precipitadas.
   La verdadera y forzosa,
pues que primero la di,

	gozó don Diego, y así
	la cumplo siendo su esposa.

(Dale la mano.)

Campana (Aparte.)	(¡Arrojóse, vive Dios!)
Juan	¿Tal sufro?
Sancho	¡Ah, falsa Teodora,
Diego	Ésta es mi mano, señora.
Marqués	Y ésta sola de los dos
	las vidas defenderá
	si alguno intenta ofendellas.
Juan	Mal puede vengarse en ellas
	quien por su palabra está
	a consentir obligado.
Leonor (Aparte.)	(Del Marqués me he de vengar;
	que a don Juan he de pagar
	a sus ojos su cuidado.)
	En este efeto, don Juan,
	y en que la mano os ofrezco
	veréis ya que no merezco
	el título que me dan
	vuestros labios de engañosa.
Juan (Aparte.)	(Pues su fama ha asegurado
	haber a don Diego dado
	Teodora, mano de esposa,
	lograré mi pensamiento.)

	Con tanta nieve, Leonor, templanza siente el ardor y lisonja el sentimiento.
(Dale la mano.)	Don Sancho, del mal, lo menos.
Sancho	Del bien lo más, pues que gana tanto en ser vuestra mi hermana.
Campana (Aparte.)	(Los dos han quedado buenos.)
Marqués	(Vengóse de mí Leonor.)
Campana	Inés, mira que Constanza me hace el brindis.
Inés	Tu esperanza cumple de celos mi amor. Tuya soy.
Campana	Los que han quedado en esta ocasión de nones, ¿qué han de hacer?
Diego	Pedir perdones de las faltas al senado.

Fin de la comedia

Libros a la carta
A la carta es un servicio especializado para
empresas,
librerías,
bibliotecas,
editoriales
y centros de enseñanza;
y permite confeccionar libros que, por su formato y concepción, sirven a los propósitos más específicos de estas instituciones.
Las empresas nos encargan ediciones personalizadas para marketing editorial o para regalos institucionales. Y los interesados solicitan, a título personal, ediciones antiguas, o no disponibles en el mercado; y las acompañan con notas y comentarios críticos.
Las ediciones tienen como apoyo un libro de estilo con todo tipo de referencias sobre los criterios de tratamiento tipográfico aplicados a nuestros libros que puede ser consultado en Linkgua-ediciones.com.
Linkgua edita por encargo diferentes versiones de una misma obra con distintos tratamientos ortotipográficos (actualizaciones de carácter divulgativo de un clásico, o versiones estrictamente fieles a la edición original de referencia).
Este servicio de ediciones a la carta le permitirá, si usted se dedica a la enseñanza, tener una forma de hacer pública su interpretación de un texto y, sobre una versión digitalizada «base», usted podrá introducir interpretaciones del texto fuente. Es un tópico que los profesores denuncien en clase los desmanes de una edición, o vayan comentando errores de interpretación de un texto y esta es una solución útil a esa necesidad del mundo académico.
Asimismo publicamos de manera sistemática, en un mismo catálogo, tesis doctorales y actas de congresos académicos, que son distribuidas a través de nuestra Web.
El servicio de «libros a la carta» funciona de dos formas.
1. Tenemos un fondo de libros digitalizados que usted puede personalizar en tiradas de al menos cinco ejemplares. Estas personalizaciones pueden ser de todo tipo: añadir notas de clase para uso de un grupo de estudiantes, introducir logos corporativos para uso con fines de marketing empresarial, etc. etc.

2. Buscamos libros descatalogados de otras editoriales y los reeditamos en tiradas cortas a petición de un cliente.

www.ingramcontent.com/pod-product-compliance
Lightning Source LLC
Chambersburg PA
CBHW051347040426
42453CB00007B/460